Marita de Sterck · Marjolein Pottie

Mamis Babybauch

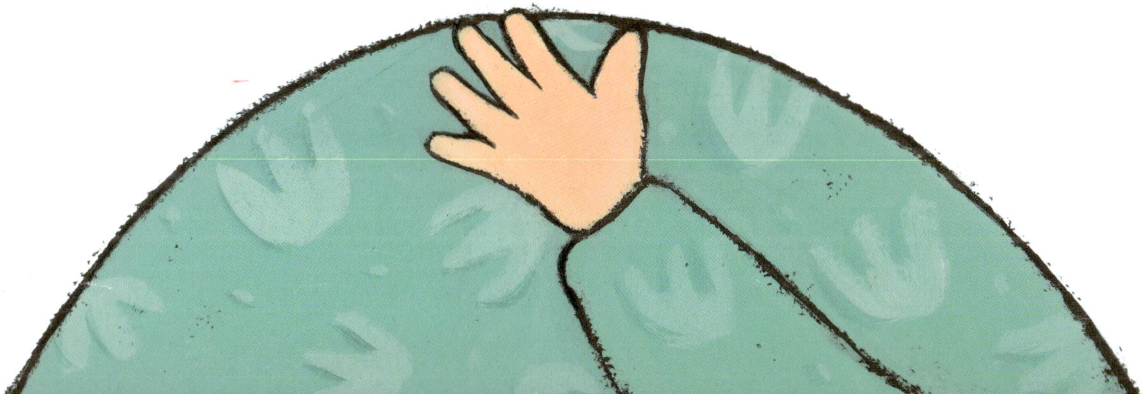

EDITION BÜCHERBÄR

„Hallo, du. Ja, du da drin.
Du hast ein wirklich gutes Versteck dort in Mamis Bauch.
Schläfst du noch oder bist du wach?
Ich kann es nicht sehen, aber Mami fühlt es.
Weißt du inzwischen schon, wer ich bin?
Ich bin Florian, dein Bruder.

Ich habe meine Zähne geputzt und meine Ohren gewaschen.
Soll ich dir erzählen, was Papi mir gerade vorgelesen hat?
Die Bilder kannst du dir ja noch nicht anschauen.
Und lesen genauso wenig. Ich kann auch noch nicht lesen."

„Das ist Lisa, unsere Schwester.
Hast du geschlafen? Dann bist du jetzt
bestimmt aufgewacht.
Lisa ist keine Minute still.
Ständig schnattert sie:
Ich gehe schon in die Schule.
Und ich kann schon lesen!

Sich die Ohren zuzuhalten nützt gar nichts.
Ich weiß das, weil ich ihr kleiner Bruder bin.
Ich werde dich nicht so laut anschreien.
Ein plappernder Papagei in der Familie ist genug.“

„Kleines Baby, fühlst du meine Finger?
Ich spiele ein Lied auf Mamis Bauch, ganz zart:
La-la, la-lie, lie-la-lie …
Bruder Jacob, schläfst du noch?
Ich weiß nämlich genau, dass du
ein kleiner Bruder bist.“

Lisa ruft: „Nein, Florian!
Es ist eine kleine Schwester.
Ihr Bett wird bei mir im Zimmer stehen.
Schwestern machen immer alles zusammen:
Sie spielen kochen und waschen ihre Püppchen.
Ich weiß schon, wie das geht:
eine Hand unter dem Kopf
und eine unter dem Popo.“

„Lisa weiß gar nichts.
Du bist ein kleiner Bruder.
Dein Bett wird in meinem Zimmer stehen.
Wir werden zusammen einen großen Turm
aus Bauklötzchen bauen.
Und wir werden ein riesiges Zelt aufstellen.
Brüder machen immer alles zusammen.
Alles, überall und immer.

Kleiner Baby-Bruder,
kannst du die Glöckchen hören?
Ding-dong! Ding-dong!
Die Glöckchen sind in den Pfoten
von meinem weißen Wuffie.
Er ist ganz weich
und nur ein bisschen schmutzig."

Lisa lässt ihr Püppchen auf Mamis Bauch hüpfen und tanzen.
„Genau so war Lisa, als sie noch in meinem Bauch war“,
sagt Mami. „Sie konnte keine Minute still liegen.“
Ich frage leise: „Und ich, Mami?
Wie war ich, als ich in deinem Bauch war?“

Mami lacht: „Du hast mit deinen kleinen Händen
und Füßen gestrampelt, Florian.
Manchmal hast du auch nichts gemacht.
Gar nichts. Dann habe ich deinen Kopf gestreichelt
oder vielleicht auch deinen Bauch oder deinen Po.
Und schon hast du wieder angefangen.“

Lisa ruft: „Mami, erzähl, wie ich geboren wurde.“
Mami seufzt: „Das war vielleicht was, Lisa!
Du hast total verkehrt herum gelegen: der Kopf oben und die Füße unten. Aber als es so weit war, habe ich einfach gefragt: *Hallo, du. Ja, du da drin, du wildes Baby, kannst du dich bitte umdrehen?*“

Lisa hüpft auf und ab.
„Und dann? Was habe ich
dann gemacht?“
Mami sagt: „Komm, setz dich mal
zu mir, meine Kleine.
Du hast dich halb herumgedreht.
Du hast so quer gelegen,
wie es nur geht: die Füße rechts,
der Kopf links. Der Doktor
wusste überhaupt nicht mehr,
was los ist. So ein merkwürdiges
Kind hatte er noch nie erlebt.“

Lisa macht einen Handstand.
„Und dann? Was ist dann passiert?“
Mami lacht: „Dann hast du dich ganz rumgedreht.
Uff! Aber du wolltest immer noch nicht
aus meinem Bauch rauskommen. Also habe ich
dich ganz sanft gefragt: *Hallo, du da drinnen,
du verrücktes, springendes Fischchen,
kannst du bitte rauskommen?
Wir warten auf dich.*“

Mami seufzt. „Dann bist du endlich rausgekommen. Und wie! Du hast geniest, gehustet, geplappert und gebrüllt.
Alles auf einmal. Und dann noch mal.
Und ich habe gesagt: *Willkommen zu Hause, du wildes Baby!*
Und Papa hat gesagt: *Na, jetzt haben wir aber Leben im Haus.*“

Ich flüstere in Mamis Ohr:
„Und ich, Mami?“
Mami sagt sanft:
„Du hast meinen Bauch
von innen gestreichelt, Florian.
Du hattest dich rumgedreht,
bevor ich es überhaupt
bemerkt habe.
Und dann eines Nachts
war es so weit.
Ich konnte es gar nicht glauben,
dass du so leise zur Welt
gekommen bist.“

Ich lege meinen Kopf auf Mamis Bauch.
„Und dann, Mami?“
Mami flüstert: „Zuerst hast du
gar nichts gemacht.
Wir haben deinen
Bauch gestreichelt.
Und hups, schon
ging es los.
Du hast mit den Augen
geblinzelt, du hast mit
den Händen gewunken
und geflüstert: *Wee, woo, waa.*
Es war wie ein Lied.“

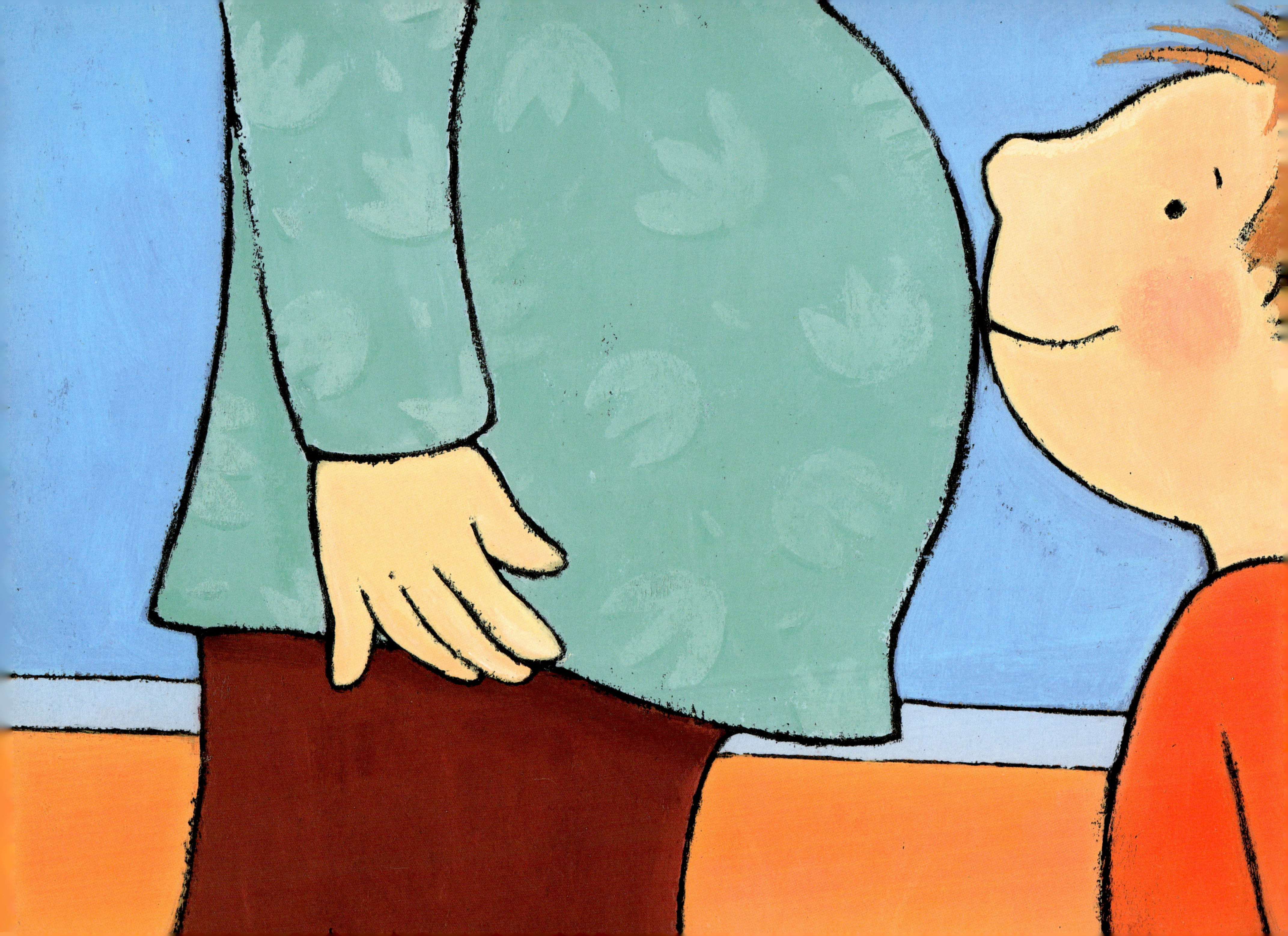

„Hallo, du. Ja, du da drin.
Ich bin's wieder, dein Bruder Florian.
Es ist Zeit, kleiner Baby-Bruder.
Du musst nun rauskommen.
Ich weiß, da drin hast du es sehr gemütlich,
aber wir wollen dich endlich sehen.

Bitte, komm raus. Wir warten auf dich.
Mami wartet auf dich. Sie singt sehr schön,
aber sie kann auch laut schimpfen,
wenn irgendwas schief geht.
Papi wartet auf dich,
mit Gutenachtgeschichten
und Kartoffelbrei mit Möhren."

„Lisa wartet auf dich. Du kannst sie warten hören.
Sie trommelt: *Komm, komm, komm!*
Die Finger in die Ohren zu stecken hilft gar nichts, aber das weißt du ja schon.
Zwei Omas warten auf dich:
Oma Apfelmus und Oma Blubber-Bad.
Und ein Opa und ein Uropa warten auf dich.

Und ich warte auch auf dich, zusammen mit meinem weißen Wuffie.
Ich habe ihn von Lisa bekommen.
Er ist genauso alt wie ich.
Kannst du ihn bellen hören, so leise wie ein Flüstern?
Kannst du seine flauschigen Pfoten und seine weiche Schnauze fühlen durch Mamis Bauch?"

Endlich bist du da!
Lisa ist schon ganz heiser
vor lauter Schreien:
„Ich habe eine kleine Schwester.
Sie heißt Sarah, nicht Sebastian.
Ihr Bett wird in meinem
Zimmer stehen.“

Du siehst aus wie Lisa.
Du hast blonde Locken
und eine runde Nase,
genau wie sie.
Du niest und hustest.
Du blinzelst mit den Augen
und flüsterst:
„Wee, woo, waa.“

Du liegst auf Mamis Bauch und nuckelst an ihrer Brust.
Du schaust sie an und sie dich.
Du bist so klein und doch schon so groß.
Wie hast du nur in Mamis Bauch gepasst?
Du liegst keine Minute still.
„Genau wie Lisa“, sagt Oma Blubber-Bad.
Du winkst mit den Händen.
„Genau wie Florian“, sagt Uropa.
Deine Füße strampeln.
„Das ist ganz unsere Sarah“, sagt Oma Apfelmus.

Mami hat eine Hand unter deinem Kopf
und eine unter deinem Po.
Lisa spült dein Haar aus, sie macht
mit den Fingern ein kleines Dach
über deinen Augen.
Papa sagt: „Das machst du sehr gut, große Schwester.“

„Hallo, du. Du liegst da so gemütlich in deinem Bettchen.
Ich lege meinen weißen Wuffie neben dich.
Er ist weich und nur ein bisschen schmutzig.
Sarah, süß wie ein Bonbon,
Sarah, rund wie ein Lolli,
Sarah, duftend wie eine Lilie.“
„Sanfte Worte darf man nur leise sagen“,
sagt Oma Apfelmus.

Lisa schnattert: „Der Hund ist schmutzig.
Seine Beine sind schwarz und seine Schnauze klebrig.
Stimmt doch, oder?“
Mami nickt. Und Papi nickt. Und die Omas
und Opa nicken. Sogar Uropa nickt.
Wenn wenigstens du deinen Kopf schütteln könntest,
Sarah, und sagen: „Der weiße Wuffie ist nicht schmutzig,
sondern weich.“

Armer, schmutziger weißer Wuffie.
Das magst du nicht, oder?
Du prustest, niest und hustest.
Mach jetzt deine Augen zu.
Ich passe auf mit der Seife.
Nur noch ein bisschen und du wirst weißer sein als weiß.

Lisa ruft: „Soll ich dir helfen, Florian?
Eine Hand unter den Kopf, die andere unter den Po.
Ein Dach aus Fingern über den Augen
und vorsichtig ausspülen.
Dein Wuffie kann mein Handtuch benutzen."
Papi sagt: „Ihr macht das prima zusammen."

„Kleine, schau mal.
Da sind wir wieder, deine große Schwester
und dein großer Bruder.
Wir haben ein Geschenk für dich.
Das ist der allerschönste weiße Bär.
Da lachst du, Kleine, Meine, Feine.
Sie sagen, du kannst das noch gar nicht, aber sie haben keine Ahnung.
Du lächelst, in Mamis Armen, mit Lisas Geplapper im Ohr
und dem Duft von Papis Karottensuppe in der Nase.
Du lächelst, ein liebes, kleines Lächeln, kleine Baby-Schwester,
für deinen großen Bruder und seinen weißen Wuffie.“

Für Ina und Luna
Die Worte und Bilder
kamen zusammen mit ihnen auf die Welt.

Die niederländische Originalausgabe erschien unter dem Titel „Bollebuikbaby“

1. Auflage 2004

Text: Marita de Sterck
Illustration: Marjolein Pottie
Übersetzung: Martina Patzer
Printed in Belgium
ISBN 3-401-08654-5